海上絲綢之路基本文獻叢書

安南世系略・使交吟一卷
南交好音・使交紀事

〔清〕周燦 撰

文物出版社

圖書在版編目（CIP）數據

安南世系略 ； 使交吟一卷 ； 南交好音 ； 使交紀事 /
（清）周燦撰． -- 北京 ： 文物出版社，2022.6
（海上絲綢之路基本文獻叢書）
ISBN 978-7-5010-7528-7

Ⅰ．①安… Ⅱ．①周… Ⅲ．①古代史－史料－越南②古典詩歌－詩集－中國－清代③中越關係－國際關係史－史料－清代 Ⅳ．①K333.2 ②I222.749 ③D829.333

中國版本圖書館 CIP 數據核字（2022）第 070468 號

海上絲綢之路基本文獻叢書
安南世系略·使交吟一卷·南交好音·使交紀事

著　　者：〔清〕周燦
策　　划：盛世博閱（北京）文化有限責任公司

封面設計：鞏榮彪
責任編輯：劉永海
責任印製：張　麗

出版發行：文物出版社
社　　址：北京市東城區東直門內北小街 2 號樓
郵　　編：100007
網　　址：http://www.wenwu.com
郵　　箱：web@wenwu.com
經　　銷：新華書店
印　　刷：北京旺都印務有限公司
開　　本：787mm×1092mm　1/16
印　　張：10.875
版　　次：2022 年 6 月第 1 版
印　　次：2022 年 6 月第 1 次印刷
書　　號：ISBN 978-7-5010-7528-7
定　　價：90.00 圓

總緒

海上絲綢之路，一般意義上是指從秦漢至鴉片戰爭前中國與世界進行政治、經濟、文化交流的海上通道，主要分爲經由黄海、東海的海路最終抵達日本列島及朝鮮半島的東海航綫和以徐聞、合浦、廣州、泉州爲起點通往東南亞及印度洋地區的南海航綫。

在中國古代文獻中，最早、最詳細記載『海上絲綢之路』航綫的是東漢班固的《漢書·地理志》，詳細記載了西漢黄門譯長率領應募者入海『齎黄金雜繒而往』之事，書中所出現的地理記載與東南亞地區相關，并與實際的地理狀況基本相符。

東漢後，中國進入魏晉南北朝長達三百多年的分裂割據時期，絲路上的交往也走向低谷。這一時期的絲路交往，以法顯的西行最爲著名。法顯作爲從陸路西行到印度，再由海路回國的第一人，根據親身經歷所寫的《佛國記》（又稱《法顯傳》）一書，詳細介紹了古代中亞和印度、巴基斯坦、斯里蘭卡等地的歷史及風土人情，是瞭解和研究海陸絲綢之路的珍貴歷史資料。

隨着隋唐的統一，中國經濟重心的南移，中國與西方交通以海路爲主，海上絲綢之路進入大發展時期。廣州成爲唐朝最大的海外貿易中心，朝廷設立市舶司，專門管理海外貿易。唐代著名的地理學家賈耽（七三〇～八〇五年）的《皇華四達記》記載了從廣州通往阿拉伯地區的海上交通『廣州通夷道』，詳述了從廣州港出發，經越南、馬來半島、蘇門答臘半島至印度、錫蘭，直至波斯灣沿岸各國的航綫及沿途地區的方位、名稱、島礁、山川、民俗等。譯經大師義浄西行求法，將沿途見聞寫成著作《大唐西域求法高僧傳》，詳細記載了海上絲綢之路的發展變化，是我們瞭解絲綢之路不可多得的第一手資料。

宋代的造船技術和航海技術顯著提高，指南針廣泛應用於航海，中國商船的遠航能力大大提升。北宋徐兢的《宣和奉使高麗圖經》詳細記述了船舶製造、海洋地理和往來航綫，是研究宋代海外交通史、中朝友好關係史、中朝經濟文化交流史的重要文獻。南宋趙汝適《諸蕃志》記載，南海有五十三個國家和地區與南宋通商貿易，形成了通往日本、高麗、東南亞、印度、波斯、阿拉伯等地的『海上絲綢之路』。宋代爲了加强商貿往來，於北宋神宗元豐三年（一〇八〇年）頒佈了中國歷史上第一部海洋貿易管理條例《廣州市舶條法》，并稱爲宋代貿易管理的制度範本。

元朝在經濟上採用重商主義政策，鼓勵海外貿易，中國與歐洲的聯繫與交往非常頻繁，其中馬可·波羅、伊本·白圖泰等歐洲旅行家來到中國，留下了大量的旅行記，記録元代海上絲綢之路的盛況。元代的汪大淵兩次出海，撰寫出《島夷志略》一書，記録了二百多個國名和地名，其中不少首次見於中國著録，涉及的地理範圍東至菲律賓群島，西至非洲。這些都反映了元朝時中西經濟文化交流的豐富内容。

明、清政府先後多次實施海禁政策，海上絲綢之路的貿易逐漸衰落。但是從明永樂三年至明宣德八年的二十八年裏，鄭和率船隊七下西洋，先後到達的國家多達三十多個，在進行經貿交流的同時，也極大地促進了中外文化的交流，這些都詳見於《西洋蕃國志》《星槎勝覽》《瀛涯勝覽》等典籍中。

關於海上絲綢之路的文獻記述，除上述官員、學者、求法或傳教高僧以及旅行者的著作外，自《漢書》之後，歷代正史大都列有《地理志》《四夷傳》《西域傳》《外國傳》《蠻夷傳》《屬國傳》等篇章，加上唐宋以來衆多的典制類文獻、地方史志文獻，集中反映了歷代王朝對於周邊部族、政權以及西方世界的認識，都是關於海上絲綢之路的原始史料性文獻。

海上絲綢之路概念的形成，經歷了一個演變的過程。十九世紀七十年代德國地理學家費迪南・馮・李希霍芬（Ferdinad Von Richthofen，一八三三～一九〇五），在其《中國：親身旅行和研究成果》第三卷中首次把輸出中國絲綢的東西陸路稱爲『絲綢之路』。有『歐洲漢學泰斗』之稱的法國漢學家沙畹（Édouard Chavannes，一八六五～一九一八），在其一九〇三年著作的《西突厥史料》中提出『絲路有海陸兩道』，蘊涵了海上絲綢之路最初提法。迄今發現最早正式提出『海上絲綢之路』一詞的是日本考古學家三杉隆敏，他在一九六七年出版《中國瓷器之旅：探索海上的絲綢之路》中首次使用『海上絲綢之路』一詞；一九七九年三杉隆敏又出版了《海上絲綢之路》一書，其立意和出發點局限在東西方之間的陶瓷貿易與交流史。

二十世紀八十年代以來，在海外交通史研究中，『海上絲綢之路』一詞逐漸成爲中外學術界廣泛接受的概念。根據姚楠等人研究，饒宗頤先生是華人中最早提出『海上絲綢之路』的人，他的《海道之絲路與昆侖舶》正式提出『海上絲路』的稱謂。此後，大陸學者選堂先生評價海上絲綢之路是外交、貿易和文化交流作用的通道。

馮蔚然在一九七八年編寫的《航運史話》中，使用『海上絲綢之路』一詞，這是迄今學界查到的中國大陸最早使用『海上絲綢之路』的人，更多地限於航海活動領域的考察。一九八〇年北京大學陳炎教授提出『海上絲綢之路』研究，并於一九八一年發表《略論海上絲綢之路》一文。他對海上絲綢之路的理解超越以往，且帶有濃厚的愛國主義思想。陳炎教授之後，從事研究海上絲綢之路的學者越來越多，尤其沿海港口城市向聯合國申請海上絲綢之路非物質文化遺産活動，將海上絲綢之路研究推向新高潮。另外，國家把建設『絲綢之路經濟帶』和『二十一世紀海上絲綢之路』作爲對外發展方針，將這一學術課題提升爲國家願景的高度，使海上絲綢之路形成超越學術進入政經層面的熱潮。

與海上絲綢之路學的萬千氣象相對應，海上絲綢之路文獻的整理工作仍顯滯後，遠遠跟不上突飛猛進的研究進展。二〇一八年厦門大學、中山大學等單位聯合發起『海上絲綢之路文獻集成』專案，尚在醖釀當中。我們不揣淺陋，深入調查，廣泛搜集，將有關海上絲綢之路的原始史料文獻和研究文獻，分爲風俗物産、雜史筆記、海防海事、典章檔案等六個類别，彙編成《海上絲綢之路歷史文化叢書》，於二〇二〇年影印出版。此輯面市以來，深受各大圖書館及相關研究者好評。爲讓更多的讀者親近古籍文獻，我們遴選出前編中的菁華，彙編成《海上絲綢之路基本文獻叢書》，以單行本影印出版，以饗讀者，以期爲讀者展現出一幅幅中外經濟文化交流的精美畫卷，爲海上絲綢之路的研究提供歷史借鑒，爲『二十一世紀海上絲綢之路』倡議構想的實踐做好歷史的詮釋和注脚，從而達到『以史爲鑒』『古爲今用』的目的。

凡例

一、本編注重史料的珍稀性，從《海上絲綢之路歷史文化叢書》中遴選出菁華，擬出版百册單行本。

二、本編所選之文獻，其編纂的年代下限至一九四九年。

三、本編排序無嚴格定式，所選之文獻篇幅以二百餘頁爲宜，以便讀者閱讀使用。

四、本編所選文獻，每種前皆注明版本、著者。

五、本編文獻皆爲影印，原始文本掃描之後經過修復處理，仍存原式，少數文獻由於原始底本欠佳，略有模糊之處，不影響閱讀使用。

六、本編原始底本非一時一地之出版物，原書裝幀、開本多有不同，本書彙編之後，統一爲十六開右翻本。

目録

安南世系略

安南世系略

一卷

〔清〕周燦　撰

清康熙刻本

安南世系畧

粤自尚書堯典稱羲叔宅南交其來舊矣周初南界越裳氏三譯來朝其後荒服不至秦置象郡以守之末爲南越王趙佗所併漢武帝平南越以其地爲交阯九眞日南三郡置太守刺史光武時女子徵側徵二反馬援討平之建安中改爲交州置牧陳隋以來改九眞爲愛州日南爲驩州皆置刺史又設九德新昌諸郡唐分嶺

南爲東西二道置安南都護府（稱安南之始）大中時交人叛都護高駢復其地因以府爲靜海軍授駢節度五代間土豪互相篡奪（曲顥楊廷藝皎公羡吳權四姓相繼篡立）有丁部領者自稱萬勝王以子璉爲節度使宋初入貢太祖封爲交阯郡王（封王之始）自是棄爲外域璉傳弟璿爲大校黎桓所篡遣使貢方物眞宗封爲南平王（黎氏有安南自此始）傳子龍鉞弟龍挺殺龍鉞自立大校李公蘊復篡之自稱留後

遣使奉貢上以具邦不足責因封爲交阯王傳子德政德政傳子曰尊曰尊傳子乾德乾德傳子陽煥陽煥傳子天祚封安南國王（安南稱國之始）祚傳子龍翰龍翰傳子昊𣅜無子以女昭聖主國事昭聖死爲其壻陳日煚所有傳子威晃元世祖即位仍封爲交阯郡王威晃傳子日烜日烜傳子日燇日燇傳子日㷆日㷆傳子日爌日爌傳子日焯日焯傳子日煃明太祖初遣使進

貢詔封爲安南國王日煃傳子日熞爲叔明所
篡奉表來貢郤之繼自稱年老願以弟日煓代
視事日煓卒弟日煒代叔明仍嵩國政尋國相
黎季犛弑日煒立叔明子日焜叔明死又弑日
焜奪其位詭姓名爲胡一元子蒼易名奃僭號
紀元國曰大虞成祖初表言陳氏世絕奃爲陳
甥求署國事從之已眞封爲王會陳氏故臣裴
柏耆走闕下乞師老撾亦傳送故王孫陳天平

來朝下詔詰責季犛詭請迎歸命都督黃中等送之至芹站伏兵殺天平大理卿薛嵓死之中等引還成祖怒命成國公朱能新城侯張輔等二十五將軍兩道進討會能道卒命輔盡護諸軍遂生擒季犛父子於奇羅海口詔求陳氏後無存者乃置交阯三司郡縣其地已交人簡定及其黨陳季擴等反復命輔討平之季擴自言我陳王後也請降以爲交阯布政使輔歸復反

竟復遣輔轉戰連年賊乃獲輔凡三下交阯威
震西南遂留鎮其地未幾召還交人復肆猖獗
黎利尤劇仁宗初授爲清化知府不受職侵掠
日甚宣宗即位累討無功成山侯王通以賂遺
利與之盟利表言前國王遺嗣暠今在老撾請
嗣封宣宗用大學士楊士奇楊榮議俯從其請
召安南文武吏士皆來歸利復言暠已死陳氏
種絕然業已置之乃詔利權署國事利死子麟

代英宗初封爲安南國王麟死子濬嗣濬爲庶兄琮（或作宜民）所弑弟灝嗣灝死子暉嗣暉死子敬自立未及請封而死弟誼嗣武宗初阮种弑誼黎廣等討平之立灝庶子晭社堂官陳暠弑晭詭爲陳氏後自立都力士莫登庸逐暠立晭兄子譓專其國黎氏臣鄭綏以登庸不臣譓擁虛位復立其族子酉榜爲主登庸攻敗鄭綏捕酉榜殺之復攻陳暠暠敗死登庸自稱安興王謀

弑譓譓奔清化而死復立譓庶弟應壽篡其位

立子方瀛爲太子未幾弑應自稱太上皇禪位

於方瀛鄭江黎烱等共立譓子寧居木州滌馬

江倚老撾爲援世宗時差頭目鄭惟僚泛海來

京奏登庸篡狀朝議興師進討登庸束頸叩關

請降詔降安南國爲都統使司以莫登庸爲安

南都統使仍令守臣覈明黎寧果否係黎氏後

以聞制下登庸已死其子方瀛早卒乃授其孫

福海福海死子宏瀷嗣宏瀷死子茂洽嗣時黎氏雖居一隅而黨類實繁黎寧死鄭惟憭子檢立其子黎寵寵死檢復立黎暉後黎維邦為主神宗時莫茂洽死國大亂會黎維邦死鄭檢子松復立其子維潭為主攻敗莫氏盡逐餘孽遣使詣守臣歸罪欵關輸貢仍用登庸故事詔以維潭為安南都統使黎氏王號遂絕時莫敬用寓居高平令即以高平予敬用毋得侵害我

朝定鼎莫敬耀來歸未受爵而卒仍授其子元清爲
安南都統使黎維禔亦來歸未受封而卒康熙
三年遣內院編修吳光禮部司務朱志遠
諭祭維禔康熙五年遣內院侍讀學士程芳朝禮部
郎中張易賁
册封其子維禧爲安南國王康熙六年黎維禧奪莫
元清高平地遣內院侍讀李仙根兵部主事楊
兆傑諭還之乃元清負恩助逆旋服冥誅其弟

敬光爲黎氏所討來奔乞命蒙
皇仁不加誅戮令地方官送歸本國於康熙二十二
年正月二十五日卒於泗城土府黎維禧死弟
維禶嗣維禶死弟維禛嗣本年正月內奉
旨遣　臣圖　臣卓
册封維禛爲安南國王　臣黑　臣燦
諭祭兩故王維禧維禶一時並舉稱盛事焉
臣燦謹論曰安南自丁璉以草寇封王棄爲異

域數百年來李陳黎莫仇殺無虛日明成祖既取其地宣宗復棄之誠見交人獷悍之性譎詐之習不可以文法治也若鄭之翼戴黎氏累傳弗替此又人臣之罕見者至黎氏之王封中絕莫氏之一線僅存已數十餘年我

皇上柔遠洪恩嘉與維新維禧則再分茅土奄有南疆元清則重膺上爵世守前業繼絕之仁扶弱之義可謂至矣乃元清不守臣節身死爵除維

禧維禎維禎世濟忠貞生榮死哀咸謂

皇上德同大造栽培傾覆寧有異心而兩氏之惠吉

逆凶顯然並著抑又天道之不爽也爲人臣者

可不愼哉可不愼哉

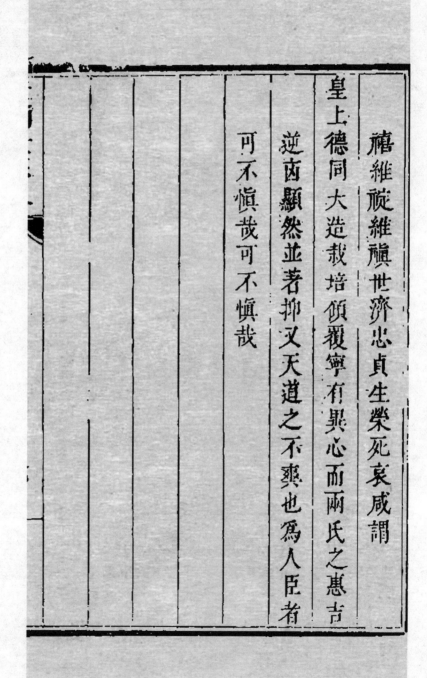

使交吟一卷

使交吟一卷

〔清〕周燦 撰

清康熙刻本

使交吟

禮部郎中今陞江西南康府知府臣周棨恭紀

聖德如天覆萬方梯山航海盡來王龍憑關隘經行慣不用南車賜越裳南關

連朝細雨度山坳雲裏旌旗聽鼓鐃自是九天多湛露分來萬里洒南交俗傳將開關必雨至期又晴果然

[illegible]鳴金樅鼓啓關門鐵騎琱戈四面屯昭德臺關內臺名前呼

萬歲南天半壁頌

皇恩啓闕

瑞繞關門向日開

龍旗隊隊護高臺陪臣階下齊瞻仰喜見

王人天上來安南官目入叅

層巖峇樹護重關一線羊腸出萬山到此乾坤

限中外獨留荒徼待諸蠻出關

山足茅亭恰數椽設州建牧號文淵居人男女

紛成市跣足寬衣髮滿肩文淵州

諒山城郭俯江隅漢代將軍規制殊民物山川雄徼外隣關蕞爾一名區諒山府係漢伏波將軍所築亦號伏波城

威鎮南交馬伏波銅標千載鬱嵯峨

聖朝來遠惟文德一介書生禮尉佗銅柱在諒山府界內馬伏波題六字其上云銅柱折交趾滅交人歲時以沙土擁護移道別出不令人見

諒山東去萬峰稠細雨深林石逕幽一水隨人千百折中宵勤馬問安州夜抵安州

征車萬里入炎荒馬骨稜稜客鬢蒼冀見鑾王
宣
寵諭春明
曉闕拜鵷行述懷
鬧說巖關號鬼門陰風慘淡日黃昏一從
天仗經臨後遍地陽和藹
聖恩莅仁驛西有鬼門關叠巒峇箐風景黯然
白頭老將逞豪雄戡定南交指顧中圖畫雲臺

誰復在高名千載仰扶風關外有伏波將軍祠
回首燕臺不計程空山坐見月初生乾坤自是
無遺照行盡天南一樣明屯麋望月卽先麗驛
金鎗畫盾護
龍旗披髮班軍軍士亦披髮惟薙額前寸許以自異左右馳大臭長牙
排巨象前行肅肅整
朝儀曉發屯麋
蓬頭蠻女半垂裳兩兩三三立道傍不解語言

長拍手携筐知是賣檳榔屯麋道中

桄榔樹裏山雞鬥龍牡草名初出三稜大莖稍長尖葉久則成樹居人多編植為籬籬邊野菜香含哺老人安作息方知

聖德被遐荒山行即事

一枝挺出森青玉兩葉分披展綠雲名是千秋兼可啜長栽籬落護山村千秋草

四圍山色映晴嵐此地交人號格甘竹樹參差冬稻熟風光觸目似江南茶山早晴

綠樹陰濃落日斜壽昌江一名淥江上駐皇華交官隊隊排仙仗咫尺天威靜不譁壽昌驛該國遣官來迎

滄江岸上有荒祠椽樹名長幹尖葉一名千年樹、葉棉樹名大幹圓葉其絮可充衣衾枝近水湄短柱高龕雙錦鶴國俗祠廟以木雕雙鶴為侍報功異域禮同之內祀黎英王該國功臣城鎮人

大袖長衣戴斗篷提男扶老共匆匆星軺過處

群呼笑喜在

堯天覆幬中市橋道上

短髮披肩着淺紅平頭深目小蠻童輿前擲菓

群争瞰共道

天朝味不同枝圓核桃皆交地所不産擲輿前餉群兒來觀者

移來崗嶺千鈞重橫截波流一葉飄全體沉淪

無處覓獨留昂鼻美江湖採江有象渡江岸有祀三江大王互明定君鵝栯公延平公若益合富良滄江爲三江也

半載征途憶北辰中宵忽見爛然陳情同越鳥
依南樹北望
神京西望秦過桂林路漸南矣入交則愈南每初夜望北斗不見不免有天高辰遠之嘆一日夜半偶起見七星爛然喜而有作

花驄玉勒錦雲飛鼉鼓龍笙導
御幃共道
天朝頒冊命江山草木盡生輝行冊封禮
朧曈日照富良江在王城北下流有珥河又有蘇瀝河環遶城外青雀

黃龍列畫艭船如蓮花瓣頗精堅篤工結束雄偉進止有節金甲健兒
齊鼓棹虹牽錦纜渡高矼其二
朱雀雙門初進爲大典門再進爲朱雀門向曉開
龍亭高置敬天臺即國王殿因時起名蕃音奏處鑾王舞喜見
皇恩遍八垓其三
龍盤紫誥五花紋爵拜名王赤土分長看海波
懷
聖主燕山頂上是紅雲其四頒冊命

斗大黃金駝紐章使臣雙手授蠻王提封千里
爲屏翰翹首星杓拱
帝鄉其五頒印
宸翰親揮日月光龍書鳳篆照遐荒交人奉作羲文
畫肖出中天頌
聖皇其六頒御書忠孝守邦四大字
幡幢羽葆滿江涯爲
悼前臣禮並施情極榮哀人感歎半生歡喜半生悲

行
諭祭禮
圭璧牲醪並殿陳嗣君俯首自悲辛兩王前故王黎
維禱後故王黎維禛同日沾
恩卹鄉祈如何不動人其二
萬顆珊瑚綴絳紱剖來滋味美喉嚨南交萬里
還相見郤憶驪山十月紅該國王餞宴有紅柿誌感
姓自成康垂遠裔名同星日照寰中家傳豈鎬
郊岐地官忝文章禮樂宗交官初見請姓氏爵里

野岸荒亭偶駐驂奇聞勝槩許相探不因一介
天王使那得同聲到日南 留別安南阮司馬公望黎司空儁阮僉憲廷滚黄大
黎公
寘
才名奕奕世無雙三譯常思戴
上邦別後懷君何處是寒風落日富良江 其二
早歲從人勉用工曾將小技鬬雕蟲而今欲究
卸能理甘與曹劉拜下風 四人復請詩教因示之日不肖二十年前
頗留心詞賦之學近來覺得無益遂一切屏置
反求之六經四子乃見聖賢精義所存子臣弟

使交吟

友之道一日不可離仁義禮智之理終身窮不
盡吟弄風月不過爲遣情適性之具安身立命
之業在此不在彼也願諸
公勉之系之以詩如右
閼門曉日拜
天顔得識南交青瑣班記得深林風雨夜多君相伴
出茶山 留別安南阮廷桂武惟匡宋儒陳璹四給事
迢遞關河幾萬里慇懃酬唱恰三旬達人傾蓋
千秋重回首天南憶九眞 其二
莫將漢魏尊原始三百名篇尚可刪悟得一言

無異旨矣將詩訣問尼山四人復請詩教因示之門聖門四科首重
德行予稱躬行君子所行者何事又謂七十不
踰矩不踰者何矩無行不與人人可聞予欲無
言又從之莫由此中妙義終身求之不盡不佞
少時亦好角勝詞壇今年近半百方知無益向
上一層敢以爲臨別
之贈系之以詩如右

三峰在王城南左有鞍子右有傘圓環峙競秀山上曉雲蒼典禮欣
成報
建章爲體
皇仁無限意重留甘雨潤朱方雨中北發

翠幹森森傍水涯梢垂雀尾亂紛拏秋來結就檳榔菓交子逢人代煮茶（檳榔樹）

兩句旌節駐交城立馬江干落日明萬里長征今北向喜從天外許歸程（宿安昌渡一名天德小江）

衣冠文物重南疆（該國人物理學有程泉武曆阮登高胡士揚經濟有莫挺之阮忠彥阮鷹梁世榮稱文學者頗衆）何事關名太不祥題曰畏天思此義萬年帶礪控炎荒（出鬼門關以名不雅馴擬易爲畏天以昭本國事大之美）

晉代名賢數嗣宗傳來此地最稱雄梧垣退食
從容日可有新篇述祖風留別安南阮擢用阮公儒兩給事
奕葉清門本世臣風流文釆倍堪親爲愁别後
相思切何處天南望故人其二
角鼓喧闐仰德臺在關外安南所築交人親送使車回
朝廷有道藩邦靜長閉關門晝不開入關
廿載爲郎鬓欲蒼重膺
簡命下炎荒飭終勉盡

天王禮敢道才能使四方其二

南交好音

南交好音

一卷

〔清〕周燦 撰

清康熙刻本

南交好音

本衙門藏板

敘

嘗讀尚書贊堯曰光被四表贊禹曰文命敷於
四海蓋端拱淵穆固帝王宰治之原而德愈厚
者聲教之漸被愈廣史稱日月光華宏予一人
非無所見而頌美之也我
皇上以天縱至聖纘承鴻基崇儒重道二十年來
文德所敷東西朔南暨於無外客歲安南告訃
封
祭竝差余以謭材得隨明鄔兩太史後啣

命以往自夏徂秋間關萬里克抵交邦奉兩太史
周旋
大典有光公事告竣一時迎送舘陪諸交官率多
以詩見贈余展閱之際不禁喟然嘆曰猗歟盛
哉我
皇上萬幾之暇窮經刺史研精覃思不出
闕庭而右文之化撫遠弗扃雖遐荒天末亦知揚
風扢雅鼓吹休明以覘唐虞三代之隆何以加

此不敢以一人投贈之私置之爰授之梓俾海
內知
聖朝同文之盛譬諸芝草醴泉爲物雖微亦足爲億
萬載無疆之休徵云
康熙二十三年重陽前三日竉山周燦題於長
安邸舍

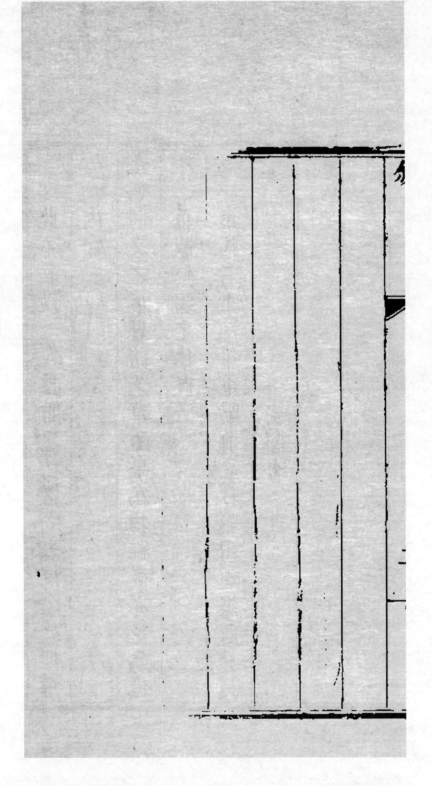

南交好音

阮廷柱　怡軒山南人
吏科給事中砥堂男

公餘從容私情敬慕皇華之詩方詠四牡之
什載歌記憶之懷曷維其已自揣拙鈍未可
言詩朕樂大人之志榮大人之名不能自已
勉述二章以誌鄙懷云

巍巍令望擁璋珪分陜有人再見西一品麟袍
辭

殿闕千重鳥道渡山溪五花喜見
恩綸渙四字欣瞻
御筆題牲駕言歸長記取高名千載諒山齊
其二
聖朝文德著宏休爲道濂溪更出周
丹陛揮毫承
顧問璽華攬轡廣諮諏南交
寵命增光賁北斗高名愈炳彪歸路從容多好句江

山萬里盡囊收

陳璹 潤甫海陽人 禮科給事中

古人吟咏性情必形於詩所以感發其善心

無非忠厚之意也仰見大人

詔承

北闕駕莅南交敬慕之情言不能遮肅開前韻重伸

賀臆

獨擅芳名美玉珪袞衣此日亞公西舍香常自

明邦禮奉
命寧辭渡遠溪品似青山人共仰吟成白雪世爭題
殷勤左右無他願匀漏山高姓字齊

其二

光昭盛世教宏休洵美先生君子周侍從
兩朝多著作馳驅萬里寄諮諏輕裝陸賈推詞命傳
檄相如自炳彪
當宁經綸資論贊喜看夫子坐中收

丹陛萬里帆檣泛碧溪鶴禁丰標人罕見鷄林姓字
價爭題回
朝若問交南事處處春臺壽域齊

其二

汪洋千頃量休休景仰先生體用周典禮儒臣
尊制作採風太史任諮諏賦成鸚鵡光焜耀座
見麒麟色炳彪自愧不才趨左右參苓敢望籠
中收

阮公望 鈍夫京北人 兵部左侍郎永岸男

聖德於今已遠揚雲程計日促歸裝清江秋水魚潛
躍紫塞春風鴈北翔柳色迷人横古渡梅花留
客佐離觴臨行莫唱陽關調四牡歌成敢拜颺

其二

仙槎得意似風乘摶望聲名此日稱鳳閣宏才
原自重龍門多士喜先登清秋霜冷峯同鴈碧
漢風高海運鵬別後思君應北望爲懷難盡剴

溪藤

黎　僖　湛溪愛州人 工部右侍郎萊山男

衮衣方幸炙公顏何事匆匆飾駕還湘木無情催艦易苗塲有意縶駒難吟成好句三江月洒泛離筵萬里山識得殷勤忠愛念帝城咫尺五雲間

其二

斗樣遥泛下炎封近接何緣偶爾逢曉日三秋

瞻瑞鶴高樓百尺識元龍扳轅不憚塵中拜附

驥無由尾後從多少笑譚縈夢寐寒山何處扣

晨鐘

阮廷滾慎軒驩州人 御史臺僉都御史

大人識度宏遠器宇疏通眞當代第一流人

也玆者皇華使駿牡駕言旋慨慕之情懇懇

在望輙忘拙陋敢述蕪詞惟見采是幸

天書拜領白

宸楓迢遞星槎萬里通詩入江山消遠思匆迎霜日

壯雄風

皇恩浩蕩包含遍紫極光輝拱向同莫道朔南風景

異乾坤盡在太和中

其二

手捧

瑤章出鳳城皇華妙選屬儒纓

九重雨露來

天上萬里江山照使星勁氣遥凌霜霧肅光風乍見
瘴嵐清共知
聖主恩波重葵藿心孚舉向傾
黄公賓 椿軒山南人 參政
大人以上國之宏才膺皇華之盛選青霜紫
電客接威顔和氣春風欣承笑語聯望之際
歆羡殊深兹者大典告成歸軺載飭感戀之
情不能自已敢忘其固陋聊用繩樞甕牖於

鳳樓之下不棄朽腐幸爲斤正賡助公餘一
覽云
丹詔欽頒自
九重星軺到處總春風光分禹甸山河外人在堯天
雨露中傾向有星皆拱北朝宗無水不流東節
旋應自承
清問願道車書一統同
其二

詞源滾滾倒三江筆力惟公可獨扛風度九齡
人罕比美才公旦世無雙虞廷出入趨
丹禁周道委蛇耀碧幢盛典告成歸去日千秋仰止
重南邦

其三

名賢挺出自洪支早步雲衢際盛時晝省百年
尊制作星軺萬里任驅馳恩流
北闕乾坤遍名在南天草木知清節高風人景仰巍

山何用立豐碑

其四

王事賢勞任載驅騑騑四牡照征途正言格論眞君
子博學多聞古大儒東觀五經憑討論南宮三
禮定規模功成遠域稱良使卿
命無慚陸大夫

其五

鰲禁人辭寄勿陪煌煌玉節向南來經邦共仰

調元手專對群推應世才畫舫輕移江水濶星
旗遥指嶺雲開臨岐立馬情難盡萬里寒風對
酒杯

其六

朝廷德意賴公宣携得清風兩袖還夾道兒童爭擁
馬臨江旌旆似登仙含香應在雲霄上曳履還
歸日月邊說與交人休悵望
廟堂熙采待高賢

阮擢用禮科都給事中
大人性禀仁賢才高中外使命告成歸軺載
駕幸承餞接雅契尊顔敢述拙詞以伸憶望
之忱
翩翩令望美才全玉節輝煌萬里宣江上旌旗
爭照耀座中禮樂自周旋鳶郊地遠恩霑溥
鳳闕天高仰望懸此後思君何處是台星遥指五雲
邊

阮公儒 兵科都給事中

按餞承頒已經三度竊見大人科中德行海

內宗師遠適遐荒一國之人仰如泰山北斗

可敬可慕敢述蕪言以伸下悃

聖朝使命重賢良拜手重吟四牡章

鸞誥五花來

絳闕麟袍一品耀朱方雖容禮樂人爭看爛熳旌旗

日照光惆悵風前無以贈千秋鍾鼎重巖廊

黄公實再見

讀大人勉學讀書八篇自愧顓愚得蒙啓發

深恨覿顏之晚勉述二章以誌嚮往之私云

爾

堯典傳中首曰欽淵源千載聖賢心江河就下

歸滄海泰華凌空聳碧岑常與乾坤同久大不

因秦漢以浮沉喜君際遇明良會三代休隆復

見今

其二

束髮登朝正少年高堂養志返林泉不同屈宋爭奇句且與程朱述舊編一代經綸推大用千秋學問有眞傳德兼忠孝如公少中外人推閔子騫

阮廷桂 再見

前題

翩翩令望遠人欽道統淵源本寸心學辨六經

周竣日功基一簣起高岑逢時鳳鳥凌雲翥得意魚龍見水沉萬里天南親絳帳程門立雪在如今

其二

問君聞道幾經年掘井功深已及泉期爲前賢明要訣因令遜域見新編伊周事業稱隆古孔孟經書得正傳海外弘文光

聖化不同西域拜張騫

武惟匡 再見

前題

道範雍容世所欽臯比講易見天心傳聞御石能填海始信移山可起岑理斯乾坤 心廣大才兼文武智深沉眞儒作用千秋事堯舜君民只在今

其二

螢雪工夫已有年滔滔辨論似淵泉寒江瑞日

聯詩表旅舍清風伴舊編天下文章尊巨伯日
南師範識宗傳思君冀得重相晤電走驊騮萬
里騖

阮廷柱 三見

佳篇留别依韵奉答幸賜訂正以爲國人之
矜式焉
書御咫尺近
天顔一代人文識馬班遥望仙塵歸漢表春風曉日

照燕山

其二

調成白雪足千古坐對春風僅數句萬里相思

勞夢寐淡交君子自情真

武惟匡 三見

前題

驛路梅花照玉顏翩翩劍珮送仙班月明千里

如相憶遥望南山與北山

其二

畫轂遥來千萬里繹惟近侍兩三旬巖巖喬岳
人瞻仰海外群倫識道眞

阮廷滚 再見

朱輪載篤華扎重留依依之情感深五內步
韵奉酬勿嫌瀆褻

春風驛舘喜停驂學海淵源取次探茂叔座中
惟霽月照來天北又天南

其二

東閣才名孰與雙

天章遥捧到南邦伊人一日三秋思愁緒那堪對漢

江

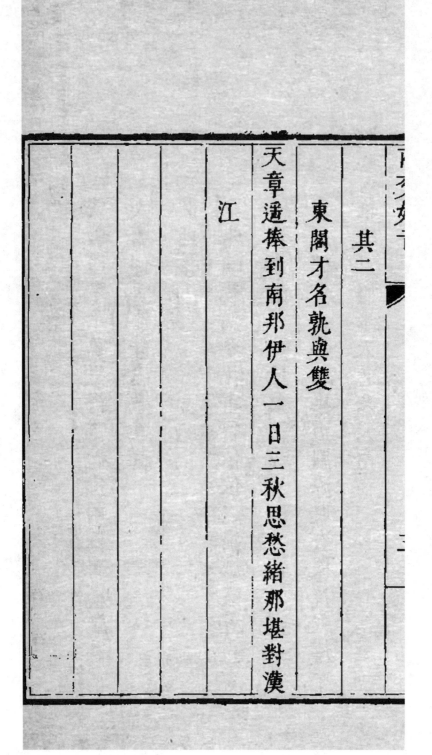

使交紀事

使交紀事

一卷

〔清〕周燦 撰

清康熙刻本

御覽

內閣鑒定

使交紀事

附

使交・安南世系略

本衙門藏板

使交紀事序

曩年李太史子靜奉使南交有紀畧一編是時
黎莫方爭高平地故往釐定之而維禧疑曲徇
元清心甚懼使者申諭兼移書鄭檍乃獲竣事
時稱得體後元清復以地未盡還爲請
廷議以其瀆不允行識者已知莫氏倚挾横恣弗
克終吉而黎之恭順爲可嘉今
天子翔布愷澤祀其主

封其嗣丹書玉簡遥宣於鵷舌雌裳鷩冕下賁於文
身繼絶之典於斯鉅矣而
三使君又皆以清華近侍星旆指南儀度秩然窮
荒胥悦晴雨應節川瀆效靈至於鬼神歆其蘋
藻童穉廿其果核猶歟可謂盛哉祚沐
九重異數命制兩粵乃屬軍典之餘奸究未靖猺獞
雜處惴惴焉以不易革化爲懼茲
天綸所播越裳荒服忭舞於萬里之外懷柔綸浹閩

不感讋俾祚持節坐鎮者亦得受清晏之福於
靡窮嘉平初
使君返駕過端州既幸悉聞關南事而更讀是編
尤喜具四美焉蓋上爲
當宁敷德化下爲蠻方被榮寵而敦詩説禮闡戴仁
蹈義之實學於殊域且紀其道里沿革民物風
俗以及毛羽卉木之微使覽者可以廣聞見當
卧遊至其歌詠之富昌閎瓌麗又不僅皇華數

章已也陸賈南越行紀不言勾當公事此則述
王程而備
國政可與李公紀界並列掌故爲我
熙朝輶軒採風之盛事云
康熙二十二年十二月
總督廣東廣西等處地方軍務兼理糧餉兵部
尚書兼都察院右副都御史正一品吳興祚謹
序

使交紀事序

稽古使臣持節如司馬長卿之巴棘冉駹使副使王然于壺充國呂越人馳四乘之傳以通邛筰騎炙千古自

皇清定鼎聲教四訖凡雕題鑿齒百濮九菌之儔罔不納款叩關北面稱臣今

上御極遣使安南者二康熙六年黎莫搆釁又遣李

太史子靜楊樞部鄂洲輯和其國茲復

命明太史克
冊封正使鄖太史周儀部克
諭祭正副使昭繼絕恤亾之仁柔遠能邇之德甚盛
典也壬楨於壬戌夏奉
簡書來撫東粵當兵燹甫息比閭凋殘下車之後竭
歷搰循始有寧宇南交爲兩粵之接壤從來叛
服不常近數十年來傾心向化遐邇乂安上慰
九重之南顧癸亥嘉平

三使君竣事北旋過會城接談之暇出所爲使交

紀事問序焉夫遠人稟

天威於咫尺咸忭舞於遐方雖由

聖朝浩蕩洪恩亦惟是

使君端肅豈弟貞亮弘雅不辱專對之義有以讋

服其心昔先王之遣使臣也美其行道之勤而

述其心之所懷曰皇皇者華于彼原隰駪駪征

夫每懷靡及其卒章則曰我馬維駰六轡既均

載馳載驅周爰咨詢今此行也宜
上德而達下情職斯盡矣其集中所志山川道里風
俗人物羽毛草木之屬無不咨諏而畢載之又
形之咏歌作爲篇什令觀者留連感嘆而不忍
釋詩曰樂只君子邦家之光
使君有焉相如通邛筰還報復奏大人賦武帝稱
其飄飄有凌雲意則此一編殆將與相如賦並
傳不朽也夫

時

康熙二十二年十二月

巡撫廣東等處地方提督軍務兼理糧餉鹽法

都察院右副都御史加四級李士禎謹序

差回安南國翰林院侍讀今陞侍講學士臣鄔黑等謹
奏為微臣奉差事竣謹述往返情形仰祈
睿鑒事切照臣等猥以疎庸濫厠班末康熙二十二
年安南國王嗣黎維禎以循例補
貢我
皇上加意懷柔
諭祭
冊封兩禮並舉

命臣等充正副使以往臣等於二十二年四月初五

等日次第起行於本年九月二十八日出南陵

關十一月初六日入關往來変那三旬有餘其

問所行儀節

大典攸關以及山川草木制度風俗編次成書謹裝

潰以

進伏念我

皇上

道同堯舜

治躋羲皇

文德武功照耀千古故凡海隅日出之邦雕題鑿

齒之衆莫不來享來

王稽顙恐後若安南國自我

朝定鼎以來歸誠獨切嚮化尤滚康熙六年該國王

與莫元清興兵搆難

皇上遣使詔諭即解甲投戈奉

命惟謹十九年滇黔蕩平卽款關獻
貢恭抒悃忱昨臣等嚮
命臨關陪臣拜迎於境上婦子歌舞於道周至
冊命弘頒歡忭色動牲醪載列悲感情淚及見
皇上御書忠孝守邦四大字闔國君臣驚心駭目以
爲從古以來所未曾有至於啓關之時甘雨應
期而不爽行禮之日彩雲照映而生輝凡此皆
我

皇上聖德格
天神人協應故雖遐荒萬里之外咫尺如見
天威歷稽前代人主命將出師累年戡定而不足者
皇上垂衣拱手一心默運而有餘此豈三代以下漢
唐諸君所可及也臣等幸際昌時恭逢
鉅典揚
聲教於日南自慚一介紀見聞於天末媿乏三長惟
有清夜捫心感懼交集而已謹具本奏

聞緣備述情由字多逾格統祈

睿鑒施行

康熙二十三年八月十八日具

奏二十一日奉

旨該部知道書冊覽

使交紀事

翰林院侍讀今陞侍講學士臣鄔黑
翰林院侍讀加三級臣明圖
禮部郎中今陞江西南康府知府臣周燦恭撰

皇上御極之二十年削除僭亂海内寧一
威德遐布遠方重譯而至者不知其幾其明年安南
國使亦以其職來王且告其前兩王計及今嗣
立狀稽顙籲

恩
天子憐而許之於是遣臣等往
諭祭故王黎維禧黎維禔兼
册封其嗣黎維禛爲王復以
御書忠孝守邦四大字賜之臣等於四月初旬恭捧
以行往例該國三年一
貢康熙七年改令六年兩
貢並進

恤遠人也十三年
貢使方歸而滇逆已變粤道梗阻不獲如例該國
北望傾誠有同孺慕仰思
聖德如天莫敢有渝十九年左江既靖乃具疏陳述
愆期不安之悃並欲爲
國剪餘慝奉方物夙夜梯航若恐後者不意該使
至新寧有變復旋今則逾例三年矣於是該國
益加恐惶向化尤切先是該國與高平都統使

莫元清以世仇故日尋兵戈康熙六年逐元清
奪高平元清奔入滇地
皇上哀元清失土併納其男女三千餘贍養南寧
特命院部臣往安南
諭令退還土地人民各守其職使臣李仙根等開譬
百端卒令遵
旨且感
恩懷義矢諸世世及滇逆作元清不思興滅

大德反以在滇吳逆小惠遠爲煽誘以故該國譯
貢不通者累歲及夫元惡授首
聲靈遠震該國乃得借大義公憤釋其私憾襲滅莫
氏而
朝廷亦不復責其專狠者誠以元凊之負罪已極本
篡逆之餘孽世貯其狠心貪玩禍亂而自拾消
㓕也然該國獨明於向背畏天保境執節不回
豈非前此之

恩諭眷顧有以淪洽於心骨而是非成敗較然無疑

乎故雖乘時自快而並收恭順之名實使人知

背德者不祥艱貞者久而彌伸宜

聖恩之有加無涯也

康熙二十二年九月二十八日至南陵關廣西龍州

是日早設

龍亭昭德臺三使臣公服侍立署左江道王來賓

新太營叅將吳聯率文武官恭迎畢開關引該

國官目四人如儀拜迎
龍亭已又叅見三使臣閱手摺乃戶科都給事中
宋儒禮科都給事中武惟匡吏科給事中砥堂
男阮廷柱禮科給事中陳璹也其諭云封祭原
屬二事自應先後至爾國
皇上念爾小邦供應浩繁重煩民力故
命本院部同行又爾國世
貢不絕忠誠茂著

聖心嘉悅須有

御筆此從來未有之事出自

皇上特恩爾等可先通報爾國王嗣儒等聞諭甚喜

回稱彝官初實不知今奉諭如此則不但本國

王荷蒙

寵遇即闔國臣民都沾

隆恩了舉手加額感頌而退令恩明同知龍憑守備

檢點跟役名數隨身行李嚴查夾帶情弊等事

乃次第出關該國撥來象十二隻兵三千名夾
道擁護行十里暮抵文淵州向者俗傳開關前
後必雨及出入時必晴前使臣已述之今自南
寧一路陰雨至幕府營大雨如注漸行漸細抵
關門則皎日當空矣其後歸時亦莫不皆然乃
知
天生
至聖爲萬國主聲教所訖日月爲之回光雨露因而

洒潤俾邊愚感慴草木滋輝所謂中和位育之
實効豈偶然耶
二十九日宋儒等以夫馬未齊請暫留一日諭
云本院部用夫役不多爾國所備現有夫役已足
即有缺亦不較遂行三十里至諒山府亦名長
慶府爲水陸通衢客商輻輳之區是日微雨
十月初一日宋儒等又與諒山府知府乳郡公
章德勝懇請暫留從之共議移該國王嗣咨文

三角一稱
御筆出自
特恩理應另日行禮本院部仰推
皇仁事從簡易於
冊封日一併行授受禮一稱禮部既鑄給新印其舊
印應繳以便捧回一稱
冊封副使翰林院編脩孫卓行至廣西途中病故等
因隨傳儒等其諭云頃見居民似多驚畏本院部

奉

命前來仰體

皇上柔遠弘仁無所不至不敢一毫有駭聽聞爾等

可出示沿途曉諭

初二日行六十里至莅仁驛屬安州

初三日行三十餘里過鬼門關有馬伏波廟倒

有祭其文曰伏以星降西秦駿望光昭北斗風

高東漢鴻名長鎮南天遠邇咸欽神人共賴仰

惟大將軍麾下千秋正氣一代偉人遨遊乎兩
帝之間獨歸眞主矍鑠哉是翁之嘆爰重老臣
早歲登壇叱咤消羣雄之膽晚年秉鉞指揮落
蠻女之魂銅柱標名六字儼分內外鬼門畫地
寸封迥別人天圖等樗櫟散材駑駘下士省躬
克己深慚畫虎之文奉
命出疆每歎飛鳶之景揚舲粵右仰明威於灘水江
邊攬轡日南瞻英爽於安州城外肅庀采芹之

獻聊伸傾藿之誠伏願德並升恒普下土無私
之照功同川岳鞏
皇家有道之長祭畢再行七里至枝棱驛亦屬安州
初四日行四十里至先麗驛屬諒江府保祿縣
連日多雨今申刻始晴
初五日宋儒等又請暫留一日發示禁飭隨行
丁役及曉諭居民毋得交通窺伺生事取究違
者重處

初六日行五十里至芹營驛亦屬保祿縣一名茶山土人稱爲格甘葢連日行崇岡複澗中林箐森密不見天日山勢至此開朗有如門閭交人呼門爲格甘也從此以南田疇平衍稻香撲路所過村市居民環觀累踵絡繹拍手歡笑詢之通事云天使至本國不常有之慶故以得覿爲快

初七日行四十里至壽昌驛亦屬保祿縣該國

王嗣委差大理寺卿錦派男汪鋭禮科都給事
中阮擢用吏科給事中阮登遵兵科給事中黎
雄稱具旌旗甲仗來迎先令叅謁
龍亭畢稟見三使慰勞遣之呈送國王下程未收
初八日早渡滄江行四十里又渡捄江至市橋
驛屬慈山府安悦縣
初九日行四十里至呂塊驛屬慈山府嘉林縣
辨官率領兵象兩邊肅立又行十餘里復有辨

官兵象肅候如前跪接

龍亭及至公館投稟手摺乃東軍都督府都督僉

事都郡公鄭植東軍都督府都督僉事杜郡公

阮光益兵部左侍郎永岸男阮公望工部右侍

郎萊山男黎儁御史臺僉都御史阮廷滾與化

等處贊治承政使司叅政黄公寘遂令恭叩

龍亭畢獻其國王嗣備送下程仍未收

初十日阮公望黄公寘稟見呈上封祭儀注二

冊併該國王嗣咨文二角內以不諳
天朝禮照該國儀注行爲請共諭云
天朝制度薄海內外無不遵行爾國既歸命
天朝請封請祭自應恪遵以光
大典何得瀆請望等執辯移時辭窮始退遂發還所
呈原冊原文
十一日阮公望等稟見呈咨文一角且云聖人
不變俗以從俗本國王受封又兩先王受祭不

常有之
大典調集闔國大小官目多至千百賢愚不等依
天朝禮恐有參差有褻
國體獲罪非輕論云習儀易事耳你二人去年進
貢至
京遵
天朝禮如何不差錯又昨在南陵關壽昌驛及抵公
館各官亦克如儀其他豈俱是愚的望等無以

答而退

十二月移咨該國王嗣內稱本部院恭膺

簡命萬里星馳於本月初九日駐節使館已經四日

事關

大典未敢久稽今擇於本月十五日行

册封禮於十六日先後行

諭祭禮等語去訖該國王嗣送席桌收之量犒員役

十三日阮公望等稟見云連日因所請儀節未

蒙見允今日特來請允三使臣因無該國王嗣
咨文見彝官私來賫請大怒卽自淸晨直至午
後逐一辯論望等屢次辭窮閉口無言其諭云
爾等有話只管說省得令日語塞辭窮而退明
日復來聱瀆彼時爾等亦自覺靦顔望等相顧
相商終不能答始稟云本國非敢抗違實因不
諳故連日懇請天使既不允自然遵行
天朝禮不敢再瀆言畢而退是日午前後天色淸澄

和暖着單衣紗葛猶熱彝官退後北風大作濃
雲密布寒氣逼人至申酉時勢愈烈氣愈冷大
雨迸至如中土嚴冬矣
十四日晨三使臣會集言及昨日風雨狀甚訝
甚喜訝者前使臣曾云往往交人執拗使臣嗔
怒之時風捲塵擊寒氣逼人想鬼神呵護向未
深信今則如合符契喜者我
皇上聖明呼吸眞通

上帝使臣雖在萬里異域不殊咫尺
天顔自可恃以無慮矣須之彛官御史臺都御史海
山男阮名實吏部左侍郎書澤子武惟諸及阮
鄧二太監見鄧稟云昨日阮公望等胃瀆天使
本國王更差彛官請罪本國王一心恭順
天朝自然遵行
典禮不敢有違但小國人愚者多雖演習臨時未免
稍有差錯望天使寬恕諭云寬恕乃我

皇上素念諸外國來
覲者有小失我
皇上含笑不問今爾國行禮若大差錯本院部必令復
行次則仰體
皇仁相諒耳何苛爲鄧等稱謝申時接該國咨文內
稱奉來文擇於本月十五日行
册封禮十六日行
諭祭禮懇請至日早刻齊臨以昭

盛典等語卽傳阮公望等付
誥命
諭祭文稿以便預習宣讀併發
欽頒銀帛以便備辦陳設
十五日清晨細雨頻憂之及行雨隨止道兩傍
以朱杖接手平連其外又以隔山鳥鳥鎗夾之
俱如闌干官兵執器械排立數層渡富良江舜
官三人前來迎接時忽萬里無雲紅日光照衙

巷觀者不可勝計該國王嗣黎維禛步出侍立
右側令行迎接禮阮名實等囘啓維禛維禛無
言惟見首肯狀鄧太監云至殿自然行禮此非
其所諭云至殿行者叅見禮也此處行者迎接
禮也維禛已跪下叩頭衆彝官乃不復敢言至
殿正使明圖將
詔命等項安案上俱左側侍立維禛率彝官如儀行
叅見禮畢先啓

御筆見忠孝守邦四大字閤殿人員驚喜稱讚聲徹
臺下維禛反覆細看口誦手指戀戀不退問通
事對云新國王謂
御筆有神有法令我如見
天顏此我安南萬世傳國之寶故不忍釋手久之始
復位跪聽宣讀
誥命曰奉
天承運

皇帝制曰邇安遠至敷天懷向化之心道一風同率
土稟來庭之義惟尊親之戴世篤忠貞斯帶礪
之盟慶延苗裔爾安南國王嗣黎維禛地宅南
交心懸北闕于秋茅土常遵聲教之頒萬里車
書時奉享王之會茲當嗣爵請命於朝既舊服
之克光益弘令德宜新恩之加賁用沛褒綸特
遣翰林院侍讀加三級明圖編修孫卓封爾為
安南國王爾其恪守藩封長為屏翰虔共匪懈

庶無斁乎前脩忠孝相承尚永綿夫世澤欽哉
毋替朕命宣讀畢正使明圖乃將
誥命印
御筆一一捧授維禛跪受轉付侍員復如儀謝
恩回右側稍下行相見禮三使臣賀云王受
天子封是
天朝眞王了維禛大喜答曰
天子聖恩高厚不能仰報萬一三位大人萬里奔馳

有勞大駕即舉手加額稱謝三使臣云前奉部議已知會貴國既受新印舊印宜繳維禎云今日恭受
天子册封乃闔國沾
恩喜日若即時交換似屬不敬另日再送三使臣許之遂出維禎送至朱雀門留茶因正使明圖足疾辭之又送至端門乃別該國禮部衙門請宴亦辭之衆官送至江邊溫諭遣還渡江回館已

灑下戌刻矣維禛先已差官送席桌收之

十六日三使臣具公服奉

諭祭文軸安

龍亭以行該國文武官目及各項兵役悉更素服

其迎導等項皆如前該國王素服步出迎候隨

進至朱雀門將

龍亭正設黎維禛率各官如儀行參見禮畢復至

王殿正設公案安

諭祭文稍後西側設空案二張帛牲等項陳於案後
不設主不陳前者不敢之意也三使臣向西侍
立維禎率彝官稍下向東侍跪正使鄔黑進前
捧
諭祭維禎文付彝官立上香奠酒復位彝官宣讀
諭祭文曰維康熙貳拾貳年歲次癸亥拾月戊戌朔
越祭日癸丑
皇帝遣賜一品服正使翰林院侍讀鄔黑賜一品服

副使禮部郎中周燦諭祭安南國王黎維禧之
靈曰朕惟遐荒藩服宣化承庥既加爵命於生
前必被榮施於身後沛卹終之令典垂柔遠之
常經爾安南國王黎維禧性篤恭誠世懷醇恪
獻琛貢篚蕆事維脩謹度求章王綱克凜嗣封
數載遘疾奄殂訃告來聞悼懷良切念藩臣之
効順閱再世而彌虔斯朝命之追榮暨遠方而
加渥專官用遣褒祭爰頒鳴呼綸綍式傳嘉夙

昔享王之志牲牢載設慰幽冥冀藏之忱靈克有知尚其歆格宣讀畢副使周燦進前捧

諭祭黎維禔文付彝官如前儀行宣讀

諭祭文曰維康熙貳拾貳年歲次癸亥拾月戊戌朔

越祭日癸丑

皇帝遣賜一品服正使翰林院侍讀鄔黑賜一品服副使禮部郎中周燦諭祭安南國王嗣黎維禔之靈曰朕惟世奉珙球作中朝之藩服禮須綸

綍褒繼序之恪勤聿榮始而哀終庶恩宣而義
協爾安南國王嗣黎維禔纘緒前徽矢忠屢世
越山川而入貢誠竭梯航執玉帛以嚮風敎遵
文軌乃春秋之不永旣歲月之屢遷茲當國使
來庭爰覲嗣王拜表良深軫念式考典章申命
所司特加優卹嗚呼几筵肆列載昭泉壤之光
彝憲遙頒用慰要荒之悃中外一體幽顯欽承
宣讀畢遂將祭文案前焚化維禎率彝官謝

恩畢復至空案前各行該國禮其禮既揖即跪俯叩
一頭與如是行第五次俯叩四頭而與此謂五
拜禮也維穎行禮畢復原位云今蒙
天子賜封賜祭實生者涓埃難報死者泉壤啣
恩昨奉禮部咨文自媿無地但本國天末小國地瘠
民貧去歲
貢物不中式又蒙
天子曲容酌收闔國不勝感戴云使臣云自我

天朝以來從未有事於爾國故爾國感戴
優庇弘恩傾心嚮化恭進方物今王既自言不中式
嗣後益加小心以補前過可也維祺唯唯稱謝
隨出送別儀節亦如昨阮公望等隨至公館溫
諭之稱謝而退王復送席桌收之
十七日該國王委差阮名實武惟諧來謝太監
潘同來通事跪稟此總管輔國府事係侯爵潘
芸本生病交喪不便晉謁故差小人叩稟請來

使恕罪諭云既居父喪自然不便來賓等云昨
瞻仰
御筆闔國君臣驚讃不已眞是萬古無比諭云我
皇上萬幾之暇手不釋卷過目即成誦古今書籍無
不博覽天下事體無不周知
御筆乃一端耳我
皇上聖學實自古帝王莫能及者實等云
天子明見萬里去歲本國

貢物酌收餘免闔國君臣人民感激不盡諭云凡
遠方
貢物原非
天朝派定不過是外國攄誠恭進耳旣爲攄誠必當
如式況禮部職司賓貢美惡在所必核一毫不
可草率若論我
皇上照臨萬方率土歸心百貨中國自足異物非其
所好但要血氣之倫共奉

王章覆載之中各安化日雖徒手
闕廷亦何傷乎今者有收有未收其收者必
鑒爾誠也未收者或
慮爾困也
皇上萬國臣民之主尚體恤爾國如此爾國其思所
以慎守法度展布誠悃以仰報
大德可也實等唯唯感謝而退於是共議移咨該國
大禮已竣擬於本月二十五日囘

朝復
命併發牌左江道新太營恩明府催備夫馬期十一
月初三日以內在關伺候
十八日阮公望黎信稟見奉本國王諭稟三位
大人本國輔政鄭慶世輔佐功德素著今老輔
政已歿奄靈在堂幸遇天使光臨若得俯允致
祭不但鄭府歿存均感本國王亦有光矣諭云
爾國臣事

天朝始終如一鄭氏既有輔佐之功即是助爾國王

嚮

天朝者致祭何妨爾可擇日來稟望等甚喜而退

十九日該國王移咨所留旬日共議回咨不許

二十日阮公望等稟三位大人已允祭先輔政

謹擇本月二十二日於是發銀叁拾兩令備辦

祭物望等又稟云先年諸大人來時公事畢於

本國王及輔政皆有惠賜今若如前則本國不

勝榮光共議許之隨備土物數種差兵部差官

李文燦等送去

二十一日該國王送餞行席桌收之隨傳阮公

望黃公寘諭云舊印總不送繳是何緣故望等

稟云舊印乃

天子頒給本國先王者先王得印生前固榮矣今若

繳還未免歿後有辱了諭云爾國先王當年荷

蒙

誥封生前固榮今復蒙

諭祭是殁後又榮了何辱之有望等稟云本國先王

殁後即將

天朝頒給印信供設神主前以爲萬世傳家之寶今

若繳還則無以傳家了諭云舊印雖繳仍須有

新印臣守封疆已是憑據今爾國有一無二以

明專尊此後

天朝萬萬年爾國亦永永臣事代有新印綿綿不絕

未爲不可何獨以此傳家哉望等唯唯而退

二十二日遣兵部差官李文燦等致祭該國先

輔政鄭檍其祭文曰嗚呼凡天之眷佑人國既

生承庥之令主必生戡亂之良臣以輔相之乃

國祚傳於悠久而其人之遺澤亦與之爲無窮

所謂世篤忠貞與國咸休者觀於安南國輔國

政鄭蓋信矣竊聞貴國當有明之末繼世中興

再建王室惟時小心翼戴內外匡勷樹宏功於

日南者惟輔政高曾大父之力居多迨我
皇清握圖御極統一寰區聞風歸化藩屏南服非輔
政忠能導主孝能承家明足以燭幾勇足以定
謀不及此乃時王秉世擁立令嗣至再至三受
四君之遺命建一代之嘉猷不但遐邦僻域歷
稽前史所載累奕葉而稱世臣者亦槩不多見
焉圖等遥聞聲譽久切懷思
帝簡指南輿慰愆飢詎當入境之則忽聞捐帷之變

逝者如斯痛悼何已溥陳椒漿聊伸非悃乃繼
輔政而嘗國者復能羽翼嗣王時修三譯以昭
恭順之誠疊荷
皇恩寵綸頻錫同萬里之車書作千秋之帶礪輔政
亦可含笑於九原也尚饗該國王送答儀共銀
一百兩輔政鄭氏送答儀共銀九十兩未收
二十三日該國王併輔政鄭氏仍送昨日答儀
再四懇請共議收之

二十四日鄭氏送謝祭儀共具銀一百二十兩
諭云鄭氏世輔爾國忠悃素著今具一奠何用
謝爲未收該國王因副使孫卓途中病故送賻
儀銀一百兩三使臣代收訖午後該國王送咨
文一角併甘結一紙文内稱本國先王臣事
天朝一忠貞之節簡在
帝心今舊印見繳毋乃生前手澤後奪按查舊典從
無須新繳舊之例希惟停繳以昭

朝廷恩信等語結內稱印者生前以爲愼守藩封之
據歿後以爲萬世傳家之寶其舊印另行具疏
請
旨外合行具結等語
二十五日該國王差送贐儀各具銀三百六十
兩絹十六疋布四疋羽緒一端哆囉呢一身辭
之輔政鄭氏復送謝儀仍遜諭不收又送贐儀
各具銀一百四十兩佐以銀器絹布刀鎗等物

未收該國王爲舊印送禮部申文一角收訖是
日天雨未行
二十六日該國王委差護送彝官禮科都給事
中阮擢用兵科都給事中阮公儒傳進行禮輔
政鄭氏復送贐儀滿太監跪稟云本主身有重
喪不得來謁天使心甚耿耿不安恭具贐儀少
盡微忱見天使不收更覺惶愧本國俗以收否
爲榮辱若天使收了本主不勝榮光固請不已

於是三使臣共商酌收刀鎗哆囉呢小匣餘皆未收各賞紗葛屯絹前彝官宋儒等來叩辭各賞葛絹潞綢遂行

十一月初三日至諒山府隨牌行思明府同知所有應用夫馬會否齊備速具詳覆以便起程復差思明府通事李國龍往探南陵關去訖

初四日暫駐諒山李國龍至稟夫馬俱已抵關

初五日至文淵州阮擢用阮公儒見稟云大門

外有二人乃本國王委差護送天使者一北軍
都督鄭欐一京北提督弘郡公陳良貴因係領
兵防衛故不敢叩謁天使遂各賞紗葛綢絹
初六日仍如前點明進關該國王復送前贐儀
共議收之彝官如儀拜送乃回

雜記

該國交州古居富良江北後遷江之南岸國王
黎氏祖籍清華人爲安南王即都清華繼因交

州為歷代據險之地兼有通海之利始遷都之
祖塋仍在清華離交州四百餘里州無城池人
煙輻輳地勢平坦一望皆田無空閑地村莊比
里而居人多地少
該國形勢東南一帶皆海南界占城西南界老
撾（即古哀牢）西界雲南北界廣西東北界廣東沿邊
皆有重巒濬澗林箐彌蔓至大小落靠嶺鬼門
關羅婆羅翁嶺麗嶺等處皆該國要地交州獨

倚富良江爲天險江寬二三里其水混濁一支
自緬甸流入由興化道嘉興府來一支自雲南
流入由歸化府來至交岡滙合諸小河漸滙漸
大自西東下經過交州北向東南流入海
該國時令夏月更酷熱人民都在水中避暑冬
月天晴無風卽可着紗葛故草木不彫不枯此
行正値孟仲二冬晝宜短夜宜長竟覺晝夜平
分至於北斗則前半夜登高亦不見後半夜始

見

該國文武在內設有閣部卿寺翰林科道等衙門都察院稱御史臺職掌最重在外設有承政司憲司（即布按二司）有承政使憲使參政參議等官府州縣各設有正佐亦有部選者亦有世襲守土者在內設有五軍都督府不相統屬在外設有提督管一方軍務留守管一道軍務兼管鹽政稅務聽文職節制

該國用人文職各按出身擢用論俸陞遷雜途不得授京官要任惟科甲得膺是選武職因無科甲多以世襲五等爵充之如稱職有功陞留守提督都督要任仍以子弟侄輩一人襲舊職若溺職有罪降罰革職係世襲守土者不替

該國考試亦三年大比試有四場第一經義第二四六第三詩第四策中三場者為生徒即生員中四場者為貢生即舉人其生徒來科再入

第四場中則爲貢生不中又俟來科各道取中
無定額大率十人取一會試中四場者爲進士
亦無定額廷試亦以對策定甲第其考試無號
舍毎人以竹籠罩之伏地而書
該國兵丁皆免丁銀徭役按月給餉有馬無馬
兵分水陸不分戰守以象爲重毎象額兵二百
五十名有正象奴一名副象奴二名其餘兵丁
分執火器刀鎗行則前後序進戰則左右排列

凡交界隘戶及衝要郡縣皆撥象鎮守

該國衣冠文職紗帽圓領帶靴俱備平時則用黑尾織高頭帽青布濶袖袍武職無紗帽圓領朝賀日則用紅哆囉呢帽各色彩緞濶袖袍或紅哆囉呢齊肩褂或虎豹象補褂平時則用青帽青袍至靴襪皆非其所好故私地皆去之行或乘馬或乘象或乘網兜形如擡網乘則仰臥或乘轎形如無輪車上有漆藤薦蓋俯而入或臥或盤坐國王護衛兵目轎夫衣

帽畧與武職同

該國制祿各按品級給錢有額田無田者按品級給米其世襲守土者不復撥給

該國器械無盔甲弓矢及大小砲以哆囉呢衣帽謂之盔甲有鬝山鳥鳥鎗長柄刀短柄刀長鎗標鎗藤牌火箭修飾亦精不甚堪用

該國郡縣分十三道稱府者五十餘稱州縣者二百餘不過具數而已皆係村莊無城池惟諒

山府有城每面各有一里餘高可二丈許甎砌

紫紅係漢馬伏波創建明英國公張輔重修

該國錢穀有地丁銀有鹽稅商稅其地分上中

下上田十取三中田取二下田取一每丁納錢

一貫皆隨時豐歉以爲輕重

該國刑名初無定法明時設布按始須有律文

亦僅知大概故出入多不當至隨時因革更不

能也

該國婚姻富貴人用媒妁禮與中國稍同平人則備錢貫仿以檳榔豬羊酒送女家任男家隨使領女完配貧人不能具禮男女相悅即成夫妻亦不避同姓因姓少故也

該國喪祭多遵文公家禮信尚風水禁官民不許卜地亦不許葬山上皆葬於田中富貴家上蓋茅屋歲久即平惟國王與輔政鄭氏葬必卜地至於權幸勢要亦得私卜敗則亦平矣

該國三教頗知崇儒交州內有國學文廟各郡縣皆有學宮祭祀配享俱如中國例二氏之教間有之不甚尊奉至雜祀空廟遇時節以迎神爲名男女會聚旬日不止

該國男女皆披髮跣足衣衫或布或絹多用白色男子以布一段束腰將一頭從後尻下穿前繫裹婦女以布絹一段上遮胸乳無陰晴皆戴笠見貴人長輩必脫笠披髮否則謂之不敬從

幼喫檳榔故其齒皆黑如漆
該國農桑大概如中國稻有三種上種最美養
蠶不論貴賤邇來有二麥雜荳芝蔴
該國房屋惟王府及輔政宅用瓦餘皆茅屋廟
宇亦用瓦其式平而尖色紫黃鋪屋上如魚鱗
該國菓樹惟有檳榔椰子蕉子波羅蜜菴羅菓
甘蔗石榴小桃柑橘紅柿雜樹成林遮天蔽日
然無成材者榕樹最多性淫傍有樹石即與之

合而爲一如石山並無撮土寸草不生此樹彌蔓森𥧌千狀萬態而刺竹叢生枝幹俱茂其根盤互堆積有高至八九尺者製爲器皿紋色甚佳珍珠蘭野地亦有之鐵樹如美人蕉而紅比粤西所見更異扁荳瓠茄等雖經冬不謝其味不逮中土遠矣

附跋

皇上遣使安南者合今而五矣康熙二十二年正使内院

編脩臣吳光副使禮部司務臣朱志遠爲
諭祭黎維禔也五年正使内院侍讀學士臣程芳朝
副使禮部郎中臣張易賁爲
册封黎維禧也七年正使内院侍讀加正一品服臣
李仙根副使兵部主事加正一品服臣楊兆傑
爲
宣諭安南追還莫氏高平也今則
册封

諭祭兩差同行是一而二故曰五

皇上之於安南可謂恩勤周洽惠及存歿九域內外

受

天之慶汪濊稠疊朝鮮而下蓋莫有及之者矣其地

與滇粵相接風俗氣候亦畧相似秦漢唐立郡

縣名公碩學著宦蹟者不少而其人物揚聲中

土者亦有之故其文字官職猶相彷彿獨聲音

有異耳臣等竊由撥役觀之淺知域中四大之

理而
皇上懷柔六合并包一體之意眞與
天覆地載化育終始其相呼應無一絲之間如諸臣等
非有德能大過於人所奉者
天威也所布者
皇仁也毎至其地自不無主客之嫌疑昧之迹乃炎
煥變而寒栗清陰轉而霆電晴雨應節疾癘不
作靈怪感格之處不可殫述夫孰爲爲之哉此

殆非僅忠信篤敬所取必也今則更以
宸翰雲章鎮耀山海天經地義訓厲臣民何安南厚
幸而黎民多福共傾心歸命更當何如然自古
邊釁多啓於細人怨尤祇因夫財利其奉
特命者莫不以品節自持簡書維畏重以鬼神呵護
風雲助邑故能使蠻人悅服莫敢貳心若或幺
麽委差無復繩檢孰從而洞悉之乎以此致腹
誹動聲色者有矣職斯土者能體

皇上如天好生之盛心無輕委溢摸鄉符得其願欲

於以報

國安邊全身永譽盡善矣

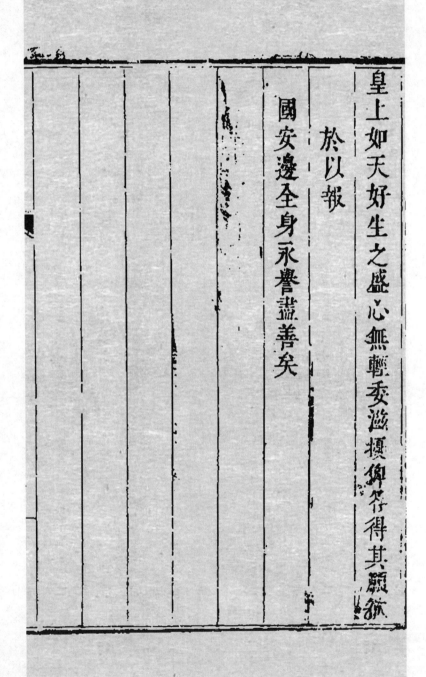

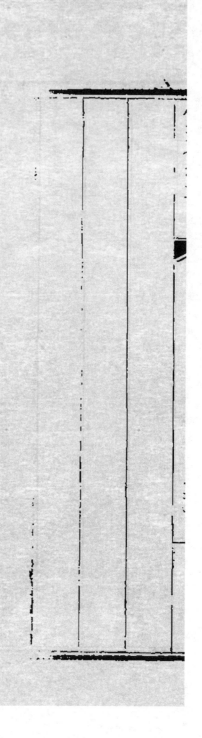

使交吟序

禮部郎中今陞江西南康府知府臣周燦恭撰

臣燦西陲鄙儒庸劣無似叨中己亥科進士蒙
先帝簡拔讀書秘省復荷
皇上隆恩改授秋曹歷陞儀部郎中客歲安南告訃
經廷臣會推充
諭祭副使以往歸途聞報除守南康是
皇仁高厚敢不誓捐頂踵以圖報稱伏念臣燦才慚

專對出使遐荒仰見
聖德光華無遠弗届欣躍於中以及賓朋贈答山川
草木間有諷詠共得七言絕句四十八首併安
南世系畧一首恭呈
睿覽正如鳥語蟲鳴無關大造感候應節不能自已
非但鄙里之音干冒
宸嚴臣燦不勝戰慄隕越之至